Bernhard Fleischanderl

Sprudelnde Kreativität - das Übungsbuch

story.one – Life is a story

story.one

FSC
www.fsc.org
MIX
Papier aus verantwortungsvollen Quellen
Paper from responsible sources
FSC® C105338

1st edition 2024

Production, design and conception:
story.one publishing - www.story.one
A brand of Storylution GmbH

Font set from Minion Pro, Lato and Merriweather.

Lektorat: Gaby Straka.

ISBN: 978-3-7115-2949-7

Danksagung

Zuerst und vor allem möchte ich mich bei meiner Frau Miriam bedanken. Um dieses Buch zu schreiben habe ich die Uhrzeit meines Weckers auf 04:30 Uhr geändert, und sie kann nicht immer gleich wieder einschlafen, wenn ich so früh aufstehe. Schatz, ohne deine Unterstützung wäre dieses Buch nicht möglich gewesen.

Danken möchte ich auch meinen Eltern Marianne und Franz Fleischanderl. Ihr habt mir den Wert von Ehrgeiz, harter Arbeit, Ausdauer und Struktur beigebracht.

Meine Großeltern Franz und Theresia Fleischanderl haben mein Leben mit ihrer Güte und Disziplin sehr bereichert. Schön, dass ihr bei mir wart.

INHALT

„Kreativität und Disziplin sind der Schlüssel zu allem."

Hans H. Hinterhuber

Österreichischer Wirtschaftswissenschaftler

Gut zu wissen

Die Idee zu diesem Buch hatte ich, während ich mein Kreativitätsjournal gestaltet habe. Wer seine besten Ideen dokumentiert, richtet die Aufmerksamkeit auf die kleinen und großen Momente der Kreativität. Damit stärkt man seine Fähigkeit, auf eine kreative Art Neues in die Welt zu bringen. Und während man bemerkt, wie kreativ man bereits ist, wachsen die kreativen Fähigkeiten immer weiter. Ich wollte in das Kreativitätsjournal auch Übungen einbauen. Nach einer kurzen Inkubationsphase hatte ich so viele Ideen für Übungen, dass daraus dieses Buch entstanden ist. Wenn die Kreativität sprudelt, ist sie kaum mehr aufzuhalten.

Wenn du diese Zeilen liest, dann hast du etwas ganz Großes vor, oder du möchtest deine Kreativität Schritt für Schritt immer weiter entfesseln. Auch das ist großartig, denn damit bist du auf dem Weg zu einem wundervollen Leben, das einen Unterschied macht. Manche Menschen leiden unter Blockaden ihrer Kreativität. Das ist weit verbreitet und auch völlig normal, denn unser Schulsystem und die üblichen Erziehungsmethoden verschütten die jedem Menschen angeborene Kreativität. Manchmal sind wir einfach nur müde nach einem anstrengenden Tag und möchten dennoch etwas Kreatives leisten. Für jene Situationen habe ich einige Übungen entwickelt, die kreative Blockaden lösen können und ein müdes Gehirn augenblicklich wacher und kreativer machen.

Die folgenden Übungen sollen dich dabei unterstützen, deine volle Kreativität zu entfalten, sodass du jederzeit bei der Arbeit, zu deinem Vergnügen und deiner Erholung sowie im Zusammensein mit anderen Menschen kreativ sein kannst. Du kannst jede dieser Übungen so oft durchführen, wie du möchtest, alleine, zu zweit oder in einer Seminargruppe. Wenn dir manche Übungen ein wenig ungewöhnlich vorkommen denke daran, alltägliche Dinge führen nicht zu außergewöhnlichen Resultaten.

Manche dieser Übungen habe ich dem großen Fundus des Neurolinguistischen Programmierens (NLP) entlehnt. Diese Technik wurde in den 1970er Jahren von dem damaligen Mathematikstudenten und späteren Psychologen Richard Bandler und dem Linguisten John Grinder an der University of California in Santa Cruz entwickelt. Sie definierten NLP als das Studium der Struktur subjektiver Erfahrung und der Folgerungen daraus. NLP ist eine beliebte Methode, um psychische Vorgänge und die zwischenmenschliche Kommunikation zu verbessern. Dabei kommen fortgeschrittene Techniken zum Einsatz, mit deren Hilfe unbewusste Prozesse positiv verändert werden können.

Ich wünsche dir beim Üben mit diesem Buch so viel Vergnügen, wie ich beim Erstellen der Übungen hatte.

Die in diesem Text verwendeten Personenbezeichnungen beziehen sich immer gleichermaßen auf weibliche und männliche Personen. Auf eine Doppelnennung und gegenderte Bezeichnungen wird zugunsten einer besseren Lesbarkeit verzichtet.

„Kreativ sein heißt, dass man etwas tut, was zunächst einmal ungewöhnlich ist.“

Howard Gardner
Enwicklungspsychologe

Arbeitssynästhesien

Diese Übung wird dein Gehirn in Rekordzeit erfrischen und so anregen, dass du vielleicht sogar ins Schwitzen kommst. Am besten funktioniert diese Übung zu zweit, sodass eine Person die Fragen stellt und die andere Person die Antworten gibt.

Synästhesie bezeichnet eine Variante des Denkens, bei der verschiedene Gehirnareale auf eine spezielle Art und Weise miteinander verknüpft sind. Das fördert bestimmte Wahrnehmungsphänomene und Denkprozesse, die in einem typischen Gehirn nicht vorkommen.

Es geht bei der Übung um das möglichst rasche Herstellen von Verbindungen. Bei dieser Übung gibt es keine richtigen Lösungen, es geht dabei um das Ausführen der Übung an sich.

Finde 5 Aspekte, die wichtig in deiner Arbeit sind und notiere sie horizontal. Finde dann, entsprechend den untenstehenden Fragen, so schnell wie möglich Assoziationen. Denke nicht nach, sondern finde blitzartig die Lösung. Wenn du die Übung zu zweit machst, dann achtet die Person, die die Fragen stellt auch darauf, dass zwischen Frage und Antwort möglichst wenig Zeit verstreicht.

Aspekt der Arbeit

Welche Farbe?

Welche Form?

Welches Gewicht?

Welchen Duft?

Wie viele Freunde?

Wie fühlt es sich?

Welche Textur?

Welches Tier wäre es?

Ein Beispiel: Humor

Welche Farbe? gelb

Welche Form? Kugel

Welches Gewicht? leicht

Welchen Duft? Veilchen

Wie viele Freunde? fünf

Wie fühlt es sich? gut gelaunt

Welche Textur? flauschig

Welches Tier? Bär

„Wer sich des Umstandes voll bewusst ist, der Erfinder seiner Wirklichkeit zu sein, wüsste um die immer bestehende Möglichkeit, sie anders zu gestalten."

Paul Watzlawick

Psychotherapeut

Kreativitäts - Timeline

Für diese Übung brauchst du nur ein wenig Platz und 2 Zettel, einen Stift und einen Notizblock. In dieser Übung steckt die Vorannahme, dass du schon oft auf eine sehr kreative Art neue Ideen, Lösungen und Dinge in die Welt gebracht hast. Gehe für diese Übung an einen Ort, an dem du genügend Platz hast und ungestört bist.

Stelle dir vor, dein gesamtes Leben wäre eine Linie auf dem Boden, wo wäre deine Vergangenheit und in welcher Richtung liegt deine Zukunft? Nun, wo du die Richtung kennst, bestimme nun den Platz deiner Geburt auf dieser Timeline. Lege an den Platz deiner Geburt einen Zettel, beschriftet mit „Geburt“. Von dort blickst du nun in deine Zukunft. Gehe von deiner Geburt bis zu dem Platz deiner Gegenwart und lege dort einen Zettel ab, beschriftet mit „Gegenwart“.

Die Plätze mit dem Zettel nennt man Bodenanker. Sie helfen dir, eine festgelegte Stelle auf dem Boden geistig mit einer bestimmten Zeit deines Lebens zu verknüpfen.

Trete nun ein paar Schritte zurück von deiner Timeline und werde dir gewahr, ob das für dich so stimmig ist oder ob du noch Anpassungen vornehmen möchtest.

Nimm dir einen Stift und dein Notizbuch mit und stelle dich auf den Punkt „Gegenwart“ mit Blick in die Vergangenheit. Schließe die Augen und atme tief ein und aus. Richte deine Aufmerksamkeit nach innen und komme ganz bei dir selbst an. Gehe nun langsam auf deiner Timeline zurück bis zu einem Moment, an dem du sehr kreativ warst. Dein Unbewusstes weiß genau, bei welchen Gelegenheiten du deine kreativsten Höchstleistungen erbracht hast.

Tauche gedanklich ein in diese Situation und werde dir gewahr, was und wen du hier und jetzt, in deinem kreativen Moment, sehen kannst. Was gibt es hier zu hören, Geräusche oder Stimmen vielleicht? Vielleicht gibt es eine Stimme im Inneren, die dir etwas sagt. Hast du ein bestimmtes Gefühl, eine Berührung vielleicht oder eine Emotion? Möglicherweise kannst du die Temperatur wahrnehmen, die Sonnenstrahlen oder Regentropfen? Eventuell kannst du auch einen bestimmten Geruch oder Geschmack in dieser Situation wahrnehmen. Bleibe in dieser Situation und blicke um dich, sind noch andere Menschen anwesend?

Schreib alles auf, was du erlebt und erinnert hast. Beschreibe das Erlebnis und den gesamten Kontext. Bemerke jedes noch so kleine Detail, das du in deiner Gedächtnisreise zu jenem kreativen Ereignis wahrgenommen hast.

Du kannst diese Übung beliebig oft wiederholen. Egal, ob du sie einmal täglich, einmal monatlich machst oder wann immer dir danach ist, du wirst immer wieder Ereignisse finden, in denen du besonders kreativ warst.

Sinn und Zweck der Übung ist es nicht nur, dich an Momente zu erinnern, in denen du besonders kreativ warst. Du erinnerst dich auch an den kreativen State, den Gefühlszustand, in dem du besonders kreativ bist und an die inneren Bilder, die damit in Verbindung stehen.

„Jeder Mensch ist kreativ.“

Joy Paul Guilford

Psychologe und Intelligenzforscher

Der kreative Anker

Das Ankern ist eine Technik, die einen Reiz mit einer Reaktion bewusst verknüpft. Du kennst das wahrscheinlich von dem russischen Physiologen Iwan Petrowitsch Pawlow und seinem berühmten Hundeexperiment. In der Psychologie nennt man die Verknüpfung von Reiz und Reaktion das Stimulus-Response (S-R) Modell. Wie du bei der Timeline-Arbeit schon bemerkt hast, sind in unserem Gedächtnis zu einem Ereignis immer die Wahrnehmungen aller Sinneskanäle und gleichzeitig auch all unsere Gefühle repräsentiert.

Für das Ankern deiner kreativsten States verwendest du am besten Körperanker wie das Berühren einer bestimmten Stelle am Körper. Unter States versteht man situative Faktoren, die im Moment auftreten. Im Gegensatz dazu bezeichnet man stabile Einstellungen und Verhaltensweisen als Traits. Wenn man in der Lage ist, seine aktuelle Stimmung bzw. Verfassung zu ändern, bezeichnet man das als State Management.

Zurück zum Ankern: wann immer du in dem gewünschten State bist, berührst du eine ganz bestimmte Stelle des Körpers. Du kannst dich an einem Ohrläppchen berühren oder auch deinen Daumen und Zeigefinger fest zusammenpressen. Egal wie du deinen Anker setzen möchtest, es sollte keine alltägliche Bewegung sein und du musst es gut spüren können.

Eine Alternative ist ein Duftanker, bei dem du dich in den gewünschten Zustand versetzt und dann einen Duft versprühst. Diesen Anker kannst du dann zum Beispiel abrufen, wenn du dich an eine besonders kreative Tätigkeit zu Hause oder im Büro machst. Weniger geeignet ist der Duftanker, wenn du ihn außerhalb deiner persönlichen Sphäre anwenden willst.

Nimm dir deine Aufzeichnungen aus der Timeline-Übung. Suche dir ein besonders beeindruckendes Erlebnis aus deiner kreativen Vergangenheit aus und schließe die Augen. Erlebe alles wieder, was du bei jener kreativen

Heldentat gesehen, gehört, gefühlt und möglicherweise geschmeckt und gerochen hast. Wenn es bei diesem Erlebnis die Worte einer inneren Stimme gab, dann erinnere dich auch daran. Gehe nun mit deiner Aufmerksamkeit zu diesem Gefühl und genieße es für einige Momente. Lasse dieses Gefühl sich in deinem ganzen Körper ausbreiten und immer intensiver werden. Dieses Gefühl ist unmittelbar mit deiner Kreativität verknüpft. Immer, wenn du dieses Gefühl abrufen kannst, wenn du dich in diesem besonders kreativen State befindest, dann sind großartige kreative Leistungen möglich.

Diese Übung kannst du beliebig oft wiederholen. Immer, wenn du dich an einen besonders guten, kreativen State erinnerst, kannst du den Anker wieder setzen. Wenn du gerade aus einem Flow-Zustand zurückgekehrt bist, kannst du deinen Kreativitätsanker setzen. Wenn du ein Problem mit jemandem auf kreative Weise gelöst hast, ist das ein guter Moment um deinen Kreativitätsanker zu setzen.

Zielvorstellung

Die bloße Imagination von Zielbildern habe ich persönlich nie als besonders kraftvoll empfunden. Mir dem reinen Visualisieren habe ich persönlich keine besonders wirkungsvollen Ergebnisse erzielt. Kein Wunder, es fehlen dabei alle anderen Wahrnehmungskanäle.

Die folgende Übung kannst du in einem Sessel, im Bett oder im Stehen ausführen. Schreibe dir zur Vorbereitung ein wichtiges Ziel auf. Diese Art von Zielen verlangt kreative Einfälle und den Mut zur Umsetzung.

Arnold Schwarzenegger hatte in seiner Jugend ein paar regionale und überregionale Wettkämpfe im Bodybuilding gewonnen. Diese Erfolge nutzte er zu der Möglichkeit, diese Erlebnisse in die Zukunft zu übertragen. Er sah sich als Sieger auf der Bühne stehen, hörte den Jubel des Publikums und spürte, wie es sich anfühlen würde zu gewinnen.

Stell dir jetzt vor, dein Ziel schon erreicht zu haben und nutze dabei alle Wahrnehmungskanäle. Du kannst dir dein Ziel auf einen Zettel schreiben, ihn auf den Boden legen und dich darauf stellen (Bodenanker). Das wird die Wirkung noch verstärken, man kann sich mit der Nutzung eines Bodenankers besser in eine Situation einfühlen.

Visuell

Gehe zu jener Zeit, an der du dein Ziel erreicht hast. Du befindest dich wahrscheinlich an einem ganz bestimmten Ort. Vielleicht feierst du die Erreichung deines großen Zieles, auf das du so lange hingearbeitet hast. Was siehst du hier? Welche Menschen sind außer dir noch hier?

Auditiv

Welche Töne oder Geräusche hörst du hier, wo du dein Ziel erreicht hast? Hörst du Stimmen von anderen Menschen oder vielleicht Musik?

Zu deinem Sieg, deiner kreativen Lösung für das Problem, gibt es vielleicht bestimmte Worte oder einen Satz. Werde dir bewusst, welche Worte zu diesem Ziel gehören.

Kinästhetisch

Was kannst du hier spüren? Ist die Luft heiß oder kühl? Bist du draußen und spürst den Wind oder die Sonne, oder bist du drinnen? Welche Gefühle steigen in dir auf, wenn du am Ziel bist? Nimm dir Zeit, um dieses Gefühl zu genießen.

Olfaktorisch und Gustatorisch

Wenn du dein Ziel erreicht hast, kannst du vielleicht einen bestimmten Duft wahrnehmen. Am Ziel angekommen, gibt es möglicherweise einen ganz bestimmten Geschmack. Vielleicht wirst du dein Lieblingsgericht essen, um deinen Erfolg zu feiern oder etwas Ähnliches.

Auditiv digital

Welche Wörter oder Sätze verbindest du mit dem Erreichen deines Zieles? Schreibe sie dir auf.

„Wer kopiert, bleibt immer Zweiter“

Michenangelo Buonarotti

italienischer Maler, Bildhauer, Architekt und Dichter

Hole dir Inspiration

Kreative Lösungen entstehen oft durch laterales Denken. Das ist, im Gegensatz zum vertikalen Denken, ein bewusstes *um die Ecke zu denken*. Es ist vorerst unlogisch und unkonventionell. Diese Art zu denken ist die Fähigkeit, aus dem Gefängnis der alten Ideen auszubrechen und neue Ideen zu entwickeln.

Was kannst du tun, um dein laterales Denken anzukurbeln? Mache etwas, das für dich bisher nicht infrage gekommen ist und lerne daraus. Ein schlauer Mensch hat einmal gesagt: „Allemal lernt der Weise vom Tor mehr, als der Tor vom Weisen". Entwickle die Bandbreite dessen, was dich als Person ausmacht, weiter.

Hole dir Inspiration von außergewöhnlichen Kunstwerken. Wenn du verreist, dann besuche dort eine Ausstellung. Dabei macht es keinen Unterschied, ob es sich um zeitgenössische Kunst handelt oder um Kunst der letzten Jahrhunderte. Wenn du an einem öffentlichen Ort Kunst entdeckst, dann finde heraus, wer dieses

Kunstwerk gestaltet hat und wofür der Urheber eingetreten ist. Welche Werte sind oder waren dem Gestalter wichtig und zu welcher Art des Denkens sollst du angeregt werden?

Bringe Inspiration in dein Leben, indem du ungewöhnliche oder besonders schönen Orte besuchst. Finde deinen Kraftplatz in der Natur oder in der Stadt. Der Blick ins Grüne beruhigt den Geist, der Trubel der Stadt regt ihn an. Herausragende Architektur kann mit ihrer sprichwörtlichen Großartigkeit dein Denken anstecken.

Lasse dich von außergewöhnlichen Menschen inspirieren. Lerne bewusst Menschen kennen, die ganz anders Leben und denken als du. Gehe zu Veranstaltungen, auf denen hochrangige Politiker und Konzernlenker sprechen und höre ihnen unvoreingenommen zu. Im schlechtesten Fall kannst du nur mitnehmen, wie man eine fesselnde Rede hält, im besten Fall wirst du neue Arten des Denkens mitbekommen. Vor vielen Jahren hörte ich eine Rede des damaligen Vorstandsvorsitzenden von VW, Ferdinand Piëch. Ich war von seiner Selbstsicherheit und seinem Humor beeindruckt.

Mache es wie Rembrandt van Rijn und lasse dich von ungewöhnlichen Dingen und Kunstwerken inspirieren. Der grandiose Maler des niederländischen Barock war ein Sammler von Kunst und Artefakten. Die Beschäftigung mit und der Besitz von außergewöhnlichen Objekten dient deiner Fähigkeit zu lateralem Denken und dem Finden neuartiger Assoziationen.

Um gedanklich nicht nur in der eigenen Suppe zu kochen, kannst du verschiedene Strategien wählen. Dein Denken wurde überwiegend von deiner Familie geprägt, dann von Erziehern und Lehrern. Gehen wir einmal davon aus, dass deine Familie in all ihrer Großartigkeit und Liebe nicht alles wissen kann und auch einmal Glaubenssätze vertritt, die nicht immer förderlich sind. Erweitere dein Denken mit Büchern, die nicht als Erstes auf deiner Wunschliste auftauchen. Lese Zeitschriften über Dinge, die dich noch nie interessiert haben. Beschäftige dich mit Ideen, die dir ungewöhnlich oder schräg vorkommen.

Erweitere die Bandbreite deiner Erfahrungen und du erweiterst die Bandbreite deines Denkens.

Bernhard Fleischanderl

Galerist, Trainer, Autor

Aus der Komfortzone

Außerhalb deiner Komfortzone wartet dein persönliches Wachstum. Das ist einfach geschrieben und leicht gesagt. In der Praxis kann es ganz schön beängstigend sein, sich in unbekanntes Terrain zu bewegen. Viele Menschen sind mit ihrem Leben unzufrieden, haben aber Angst vor einem neuen Job oder davor, sich selbständig zu machen. Es gibt sogar Menschen, die lieber ihre Krankheiten kultivieren als neue, gesündere Gewohnheiten zu etablieren.

Eine Methode, um deine Kreativität weiterzuentwickeln, ist das bewusste Weglassen von Annehmlichkeiten, die dich in deinen Gewohnheiten festhalten. Für all jene, die es nicht immer einfach finden, sich aus der Komfortzone zu bewegen und die das Bekannte dem Unbekannten vorziehen, obwohl sie wissen, dass eine Veränderung notwendig ist, habe ich die Methode des Weglassens entwickelt.

Ich hatte das Problem, dass ich ein paar Kilogramm Übergewicht hatte und keine Zeit für regelmäßigen Sport. Obwohl ich Sport liebe, habe ich es nicht regelmäßig ins Fitnessstudio geschafft, nachdem meine Frau Miriam und ich zwei Kinder bekommen hatten. Unsere Arbeitsteilung sah vor, dass wir uns mit der Arbeit und der Kinderbetreuung abwechseln, da wir beide selbständig sind. Die Großeltern unserer Kinder wohnen zu weit weg, um sie als regelmäßige Kinderbetreuung verfügbar zu haben.

Wenn du komfortable Gewohnheiten aus deinem Leben streichst, dann fehlt plötzlich etwas, das dir bisher sehr wichtig war, aber deine Gewohnheiten einzementiert hat. Änderst du deine alltäglichen Gewohnheiten, dann ändern sich auch deine Denkgewohnheiten. Das zwingt dich, neue Wege gehen. Indem du etwas sehr Wichtiges aufgibst, zwingst du dich selbst umzudenken und neue Eindrücke zu gewinnen.

Ich habe also mein Auto verkauft.

Das ist mir sehr schwergefallen, denn schließlich hatte ich seit dem Führerscheinalter ein eigenes Auto und bin damit oft und gerne gefahren. Die Mobilität hat mir viele Vorteile verschafft. Ich konnte 120 km von meinem Wohnort berufsbegleitend studieren, Ausflüge machen, spontan Freunde besuchen und auf Urlaub fahren.

Mein Auto sofort wegzugeben wäre für mich eine harte Entscheidung gewesen. Also habe ich es zuerst einmal mit dem Vorsatz abgestellt, es einen Monat lang nicht zu benutzen. Natürlich ist es nicht vor der Haustür gestanden, sondern 20 Minuten Fußmarsch entfernt. Das war unbequem genug, um es mehrere Wochen nicht zu benutzen.

Ich fahre seither mit meinem Fahrrad zur Arbeit und erledige alle anderen täglichen Wege zu Fuß. Interessanterweise eröffnet mir das nicht nur neue Sichtweisen, sondern es hat auch meine Produktivität erhöht. Beim Gehen denkt es sich besser, als beim Sitzen oder Fahren. Das weiß auch der Nobelpreisträger Daniel Kahnemann. Ich bin davon überzeugt, dass ich dieses Buch und die anderen, an denen ich gerade arbeite, niemals geschrieben hätte, würde ich noch mein Auto besitzen.

ARTISTICOMMUNICATION
ACADEMY

Écriture automatique

Die Technik der Écriture automatique, dem automatischen Schreiben, heutzutage auch von manchen Freewriting genannt, geht auf die Psychologie zurück. Der Begriff wurde um 1889 vom französischen Psychotherapeuten Pierre Janet im Rahmen therapeutischer Versuche geprägt, wobei der Patient im Halbschlaf, in Trance oder unter Hypnose zum Schreiben angehalten wurde, um das Unbewusste ins Bewusstsein zu holen. Janet nutzte dieses Schreibverfahren als psychologische Behandlungsmethode. Die Idee dahinter ist, dass der Patient durch den unbewusst gesteuerten Schreibfluss Zugang zu neuen Ideen bekommt. Neue Kombinationen von Ideen oder Assoziationen sind die Grundlagen aller kreativen Einfälle. Mit der Écriture automatique können unbewusste Eindrücke und Erlebnisse ans Tageslicht geholt werden. Die Methode wird auch verwendet, um den Schreibstart zu erleichtern oder um Schreibblockaden abzubauen.

Du brauchst nur einen Zettel oder Notizblock und ein Schreibgerät, mit dem du gerne schreibst. Das kann ein Kugelschreiber, ein Tintenroller, ein Gelroller oder eine Füllfeder sein.

Du erhältst mit dem automatischen Schreiben Zugriff auf dein Vorbewusstes, deshalb musst du diese Übung nicht ausführen, wenn du in Topform bist. Die Zeiten der höchsten Leistungsfähigkeit liegen bei den meisten Personen von etwa 09:00 bis 12:00 Uhr, und dann nach dem Leistungseinbruch durch das Verdauen des Mittagessens, von etwa 16:00 bis 18:00 Uhr. Nutze diese Phasen für Tätigkeiten, die dein Bewusstsein fordern und deine volle Aufmerksamkeit benötigen. Der Vormittag bringt den Vorteil eines ansteigenden Denkvermögens, einer ausgeprägteren Kreativität und Konzentration mit sich.

Führe die Übung des automatischen Schreibens am besten frühmorgens oder spätabends aus. Du kannst auch dein Leistungstief in der Mittagspause nutzen. Es macht gar nichts, wenn du müde bist, im Gegenteil. Müdigkeit hilft dir beim Entspannen und Loslassen. Die innere Stimme der Kritik darf dabei noch schlafen oder mit anderen Themen beschäftigt sein.

Gib dem automatischen Schreiben auch eine Chance, wenn es bei dir nicht gleich zu Beginn funktioniert. Probiere es am Anfang nur für wenige Minuten. Auch wenn der Output auf dem Papier am Anfang sehr gering ist, so hast du dein Denken doch angeregt. Es geht nicht darum, möglichst viele Worte zu Papier zu bringen. Es geht einfach darum, neue Kombinationen von Ideen und Assoziationen aus dem Unbewussten ans Tageslicht dringen zu lassen. Diese Methode hilft sogar psychisch Kranken beim gesund werden, weil sie nachweislich unbewusste Lösungen auftauchen lässt. Sie wird dir beim Finden von kreativen Lösungen helfen und deine Kreativität insgesamt steigern.

Wenn du deine kreative Goldader für immer sprudeln lassen möchtest, dann scanne den QR-Code und melde dich zum Seminar „die KREATIVITÄTSEXPLOSION" an.

“Happiness is not the belief that we don't need to change; it's the realization that we can.”

Shawn Achor

US-amerikanischer Autor

Würfle das Glück

Zur Vorbereitung auf diese Übung brauchst du nur einen Würfel, einen Zettel und einen Stift. Du kannst diese Übung wunderbar alleine machen. Wenn es dir mehr Spaß macht, geht es selbstverständlich auch zu zweit oder in der Gruppe. Wenn du diese Übung mit Freunden und Kollegen machst, hast du den Bonus, dich von ihren Ideen inspirieren zu lassen.

Bei jeder Anzahl von Augen beantwortest du eine bestimmte Frage:

1. Was tust du für dich?

Was wirst du heute noch oder morgen nur für dich machen? Tu etwas für Körper, Geist und Seele. Du kannst etwas für dich tun, das nur einen Moment dauert. Oder du kannst einen ganzen Wellnesstag nur für dich einplanen.

2. Wem zeigst du deine Liebe?

Wie wirst du der nächstbesten Person, die du gern hast, deine Zuneigung zum Ausdruck bringen? Lasse die Freude, die dadurch entsteht, sich mit Zinsen und Zinseszinsen ausbreiten. Sei der Quell der Freude und der Liebe in deinem Umfeld.

3. Wofür bist du dankbar?

Beschreibe, ohne lange nachzudenken, wofür du heute dankbar bist. Man kann nicht dankbar und schlecht gelaunt sein. Dankbarkeit ist eines der mächtigsten Gefühle, mache sie dir zunutze.

4. Wie wirst du kreativ sein?

Beispiele sind: ein Problem lösen, ein Kunstwerk anfertigen, Content generieren, einen Text schreiben oder die Kommunikation mit einem bestimmten Menschen verbessern.

5. Wem tust du einen Gefallen?

Wem kannst du heute oder morgen einen Gefallen tun und wie stellst du das an? Wirst du es offen oder heimlich machen? Man kann seinen Lieben, einem Arbeitskollegen oder einer wildfremden Person Gefallen tun. Wenn du jemandem einen Gefallen tust, kommunizierst du damit an dich selbst, dass du etwas für andere übrig hast.

6. Wie stärkst du deine sexuelle Energie?

Tue etwas für deine weibliche oder männliche Energie. Das wird nicht nur deinen allgemeinen Energielevel stärken, sondern es macht dich auch attraktiver und gesünder.

Als Variante kannst du auch etwas für die Yin-Energie deiner Partnerin bzw. die Yang-Energie deines Partners tun. Benutze deine Fantasie, die Ergebnisse sind es wert sich in diesem Bereich etwas einfallen zu lassen.

"Wir beten um Silber, aber Gott gibt uns stattdessen oft Gold."

Martin Luther

Deutscher Theologe

Das Kreativitätsgebet

Wahrscheinlich bist du mit dem Konzept der Affirmationen vertraut. Eine Affirmation ist eine Aussage, die mit Zustimmung oder positiver Wertung beschrieben wird. Im sprachwissenschaftlichen Sinne bezeichnet Affirmation die Behauptung oder Bejahung einer Aussage. Die affirmative Form eines Wortes oder Satzes ist das Gegenteil zur Negation. Einfach ausgedrückt: Eine Affirmation ist eine bejahende Aussage.

Affirmationen, wie Gebete und Mantras, können unterschiedliche Ziele haben, wie Selbstheilung, Erkenntnis, Erleuchtung. Sie sind eine bewusst ausgedrückte Haltung, die dich selbst positiv beeinflusst.

Beispiele für Affirmationen:

- Ich bin ein erfolgreicher Unternehmer.
- Meine Kreativität steigert sich exponentiell.

- Ich bin ein gefragter Künstler.
- Ich erfreue mich bester Gesundheit.
- Die Menschen um mich herum werden Tag für Tag freundlicher.
- Mit jedem Tag werde ich selbstbewusster.
- Ich lebe in Liebe und Harmonie.
- Es geht mir von Tag zu Tag und in jeder Hinsicht besser und besser.
- Ich probiere gerne Neues aus.

Affirmationen wirken durch Wiederholung, je öfter du deinem Unbewussten einen bestimmten Satz sagst, desto mehr prägt er sich ein. Eine passende Affirmation lenkt dein Denken und Handeln immer in Richtung deiner Ziele, auch wenn du es nicht immer unmittelbar erkennst. Dies liegt vor allem daran, dass dein Unbewusstes deine Handlungen steuert, ohne dass dir dies bewusst sein muss. Dein Unbewusstes wird Strategien und Zwischenziele verfolgen, die du bewusst vielleicht gar nicht bedacht oder anders eingeschätzt hättest. Ein Gebet ist eine Aneinanderreihung von Affirmationen.

Hier ist Platz für dein persönliches Kreativitätsgebet:

„Mancher lehnt eine gute Idee bloß deshalb ab, weil sie nicht von ihm ist."

Lius Bunuel

spanisch-mexikanischer Filmemacher

Kritikentblößer

Einer der größten Kreativitätsblocker ist die Kritik und die Angst davor. Selbstkritik verhindert das Kommunizieren deiner besten Ideen. Gute Ideen sind immer ungewöhnlich und viele Menschen lehnen das Unbekannte, das Neue, zunächst einmal ab. Wenn du mit einer guten Idee nach außen gehst, wirst du Kritik ernten, das ist ganz normal. Je besser deine Idee, desto mehr Kritik wird es hageln. Wenn du aber nicht aufgibst, sondern dran bleibst, dann ebbt die Kritik langsam ab. Irgendwann kommt es so weit, dass die anderen plötzlich sagen, es war ihre Idee. Lass dich also von Kritik nicht zurückhalten.

Wenn du Kritik aus deinem Leben immer mehr entfernen möchtest, dann kritisiere auch andere nicht. Werde dir bewusst, wie oft du jemanden kritisierst und verändere dieses Verhalten, indem du die Beiträge der anderen Menschen wertschätzt.

Denke an jemanden, zu dem du eine enge Beziehung hast oder mit dem du viel zusammenarbeitest. Schreibe auf ein Blatt Papier:

Das Ärgerliche an ……(Name) ist:

Und sammle darunter die Einwände und Vorbehalte an diesem Menschen.

Nimm ein zweites Blatt und schreibe:

Das Ärgerliche an mir ist:

Und stelle den entsprechenden Katalog für deine eigene Person zusammen.

Vergleiche nun die beiden Listen.

Wie groß sind die Übereinstimmungen?

Die Stimme der Kritik vergiftet auch die Beziehungen zu anderen Menschen. Je besser du die innere Stimme der Kritik im Zaum hältst, desto mehr und bessere Beziehungen zu anderen Menschen wirst du haben.

"Wisst ihr nicht, dass ihr Gottes Tempel seid und der Geist Gottes in euch wohnt?"

Der erste Brief an die Korinther

Die Bibel

Frage dein höheres Selbst

Du musst kein besonders spiritueller Mensch sein, um diese Übung durchzuführen. Auch wenn du mit Spiritualität nichts am Hut hast, kannst du wertvolle Erkenntnisse gewinnen. Ich habe mich viel mit den Heilern des alten Polynesien beschäftigt, den Kahunas. Sie teilten den menschlichen Geist ein in drei Teile: das niedere Selbst, das mittlere Selbst und das höhere Selbst. Du kannst diese Übung alleine durchführen oder zu zweit, meine Empfehlung ist es, die Übung mit einer bekannten Person durchzuführen oder mit einem Coach. Du brauchst dafür drei Blätter Papier und einen Stift. Schreib nun die Namen der drei Teile deines Selbst auf jeweils ein Blatt Papier. Find nun für jedes Selbst einen guten Platz auf dem Boden. Du kannst die Übung in einem Raum oder im Freien durchführen. Geh an einen Ort wo du für einige Zeit ungestört bist.

Schritt 1: Lege jedes der drei Blätter auf einen Platz auf dem Boden, der sich für dich stimmig anfühlt.

Schritt 2: Nimm deinen Notizblock und einen Stift und stelle dich auf den Zettel, der mit „mittleres Selbst“ beschriftet ist, schließe die Augen, atme ein paar Mal tief durch und fühle dich ein. Frage dein mittleres Selbst: „Wie geht es dir?“ Notiere dir die Ergebnisse. Wenn es dem mittleren Selbst nicht gut geht, dann lasse dir die Situation beschreiben, und notiere dir die Ergebnisse. Frage weiter: „Was brauchst du, damit es dir besser geht?“, und notiere dir die Ergebnisse. Frage weiter: „Was könntest du tun, damit es dir besser geht?“ Notiere dir die Ergebnisse. Tritt dann wieder heraus, und komme ganz im Raum und bei dir selbst an. Du kannst ein wenig hüpfen und dich abklopfen, um dich zu spüren.

Schritt 3: Stelle dich nun auf den Zettel, der mit „niederes Selbst“ beschriftet ist, schließe die Augen, atme ein paar Mal tief durch und fühle dich ein. Frage dein niederes Selbst: „Wie geht es dir?“ Notiere dir die Ergebnisse. Wenn es dem niederen Selbst nicht gut geht, dann frage weiter: „Was brauchst du, damit es dir besser geht?“ und notiere dir die Ergebnisse. Frage: „Was könntest du tun, damit es dir besser geht?“ und notiere dir die Ergebnisse. Tritt dann wieder heraus und komme ganz im Raum und bei dir selbst an.

Schritt 4: Stelle dich nun auf den Zettel, der mit „höheres Selbst“ beschriftet ist und fühle dich ein. Frage dein höheres Selbst: „Wie ist es für dich?“, lasse dir die Situation beschreiben und notiere dir die Ergebnisse. Beschreibe ihm, wie es dem mittleren und dem niederen Selbst geht. Frage es um einen Rat für die beiden anderen. Notiere dir diesen weisen Rat.

Schritt 5: Stelle dich auf die Position deines mittleren Selbst und überbringe den Rat des höheren Selbst. Lass ihm Zeit, um darüber nachzudenken. Stelle dich dann auf die Position deines niederen Selbst und überbringe den Rat des höheren Selbst. Lass ihm Zeit, um darüber nachzudenken. Tritt heraus, bedanke dich bei allen drei Selbsten für die gute Zusammenarbeit, sammle die Zettel vom Boden auf und mach dich an die Arbeit.

„Kontinuierliche Verbesserung ist besser als hinausgeschobene Perfektion."

Mark Twain

amerikanischer Schriftsteller

Das Kreativitätsjournal

Schreibe ein Kreativitätstagebuch, um deine Kreativität stetig weiterzuentwickeln. Du vollbringst jeden Tag kleinere und größere Kreativleistungen, was dir im stressigen Alltag wahrscheinlich nicht immer bewusst wird. Das tägliche Nachdenken über diese zündenden Ideen, diese kleinen Geistesblitze im Gespräch, diese neuen Lösungen für altbekannte Probleme, richtet deine Aufmerksamkeit auf deine persönlichen kreativen Leistungen.

Unser Gehirn ist darauf trainiert wahrzunehmen, was nicht so gut funktioniert hat. Denk an die Schule, dort werden bei den Tests in erster Linie die Fehler gesucht. Dein Kreativitätsjournal hat den gegenteiligen Effekt. Es lenkt deine Aufmerksamkeit auf das, was dir gut gelungen ist.

Schreibe dir einige Fragen auf, die die Leistung deines Gehirnes verbessern. Stelle dir Fragen, die deine Aufmerksamkeit auf deine Kreativität lenken und auf Themen, die du weiterentwickeln möchtest.

Du kannst diese Fragen in ein Dokument tippen und mehrere Male ausdrucken. Dein Unbewusstes ist schon bald auf die tägliche Beantwortung dieser Fragen vorbereitet und lenkt im Alltag deine Aufmerksamkeit auf deine kreativen Leistungen.

Beispiele für Fragen

Wofür bin ich heute dankbar?

Die Beantwortung lässt dich sofort in einem warmen Gefühl der Dankbarkeit baden.

Wie war ich heute kreativ?

Bemerke, wie du neue Lösungen für Probleme gefunden hast und auf einzigartige Weise Neues geschaffen hast.

Was hat mich heute glücklich gemacht?

Erlaube dir deine tägliche Dosis Glück. Wer hätte es mehr verdient als du?

Wie habe ich heute jemandem Freude bereitet?

Andere glücklich zu machen ist einer der besten Wege, um vor Freude zu hüpfen. Studien zeigen, dass es uns richtig gut geht, wenn wir etwas für andere tun.

Befülle dein Kreativitätstagebuch handschriftlich. Würdest du dafür ein digitales Tool verwenden, verschwinden deine Antworten im digitalen Nirwana. Das Schreiben auf Papier ist der erste Schritt einer Manifestation, darum notieren viele erfolgreiche Menschen ihre Ziele immer handschriftlich.

Die kreative Pause

Wie kann Nichtstun deine Kreativität beflügeln? Unter welchen Voraussetzungen kann das funktionieren? Man hat uns doch von klein auf beigebracht „von nichts kommt nichts".

Mache es wie das Mathematikgenie Henri Poincaré und fahre auf Urlaub. Der große Mathematiker war frustriert, weil er zu keiner Lösung für ein besonders kniffliges mathematisches Problem gekommen war. Die Eingebung kam mit der Entspannung in einem Urlaub.

Um diese Technik des Loslassens zu nutzen, musst du allerdings Vorarbeit leisten. Lerne so viel du kannst über das Thema, an dem du gerade arbeitest. Befülle dich mit Wissen aus vielen verwandten Gebieten. Arbeite so hart du kannst, bis du an einen Punkt der Frustration kommst. Dann mache eine längere Pause. Dein Unbewusstes arbeitet weiter unablässig an der Beantwortung der Frage. Es verknüpft das vorhandene Wissen und bildet neue Synapsen. Das kann ein paar Tage dauern, aber die Eingebung wird kommen.

Kennst du das? Man arbeitet den Vormittag durch, manchmal ohne eine Stärkung und ohne Pause. Der Energiepegel ist hoch, voller Tatendrang vergeht die Zeit wie im Flug. Nach der Mittagspause folgt der Einbruch der Leistungsfähigkeit, du bist völlig platt. Die Lösung dafür ist, bewusst Pausen einzuplanen. Ich muss mich teilweise zu meinen Pausen zwingen, denn wenn ich im Flow bin kann das mehrere Stunden andauern. Die Pausen halten deinen Energielevel den ganzen Tag hoch und deine Gesundheit stabil. Finde den für dich richtigen Rhythmus von Arbeitszeit und Pausen, zum Beispiel 25 Minuten Arbeit und 10 Minuten Pause oder 45 Minuten Arbeit und 15 Minuten Pause. Wenn es dir passieren könnte, dass du auf die Pausen vergisst, dann stelle dir einen Wecker. Es ist wirklich wichtig, die Pausen auch einzuhalten und deinen Arbeitsplatz zu verlassen. Triff dich kurz mit Kollegen, gehe eine kleine Runde und lenke dich von der Arbeit ab.

Plane neben deinen täglichen Pausen auch deine wöchentlichen Auszeiten ein. Ein freier Nachmittag und ein ganzer freier Tag pro Woche boosten nicht nur deine Kreativität, sondern erhalten deine körperliche und geistige Leistungsfähigkeit.

Wenn du dich auf einen Urlaub richtig vorbereitest, kannst du ihn, wie Henri Poincaré, für einen Durchbruch nutzen. Nimm dir vor jedem Urlaub Zeit, um dir die wichtigsten Fragen aufzuschreiben, die jetzt gerade in deinem Leben relevant sind. Das Gehirn kann nicht anders, als an Fragen zu arbeiten, bis es die Lösung gefunden hat. Es wird seine Aufmerksamkeit bewusst und unbewusst auf alles richten, was zur Beantwortung dieser Frage hilfreich sein könnte. Es wird Informationen auf neue Weise verknüpfen und neue Assoziationen finden, bis du deinen persönlichen Heureka-Moment feiern kannst. Ob du dann, wie Archimedes von Syrakus, nackt durchs Dorf läufst oder dich auf eine andere Weise belohnst, überlasse ich natürlich dir.

„In der Hierarchie der menschlichen Fähigkeiten ist die Kreativität die höchste Stufe der Intelligenz."

Erika Landau

ukrainisch-israelische Psychologin

Automatisches Zeichnen

Bereite dir für diese Übung einen großen Malblock und Zeichenstifte vor. Du kannst mit einem Bleistift oder einem Grafitstift zeichnen. Wenn dir das besser gefällt, kannst du auch Buntstifte verwenden.

Das Zeichnen aus dem Unbewussten wird in der Kunstgeschichte als "automatisches Zeichnen" benannt. Mit dieser Übung trittst du in die Fußstapfen von Riesen der Kunstgeschichte wie *Salvador Dalí* und *Joan Miró*.

Die Technik des automatischen Zeichnens wurde von den Surrealisten entwickelt, um Unbewusstes auszudrücken und zu enthüllen, was sonst versteckt unter der Oberfläche bleibt. Gezeichnet wird möglichst frei von der Kontrolle des Verstandes. Bei dieser Übung darf dein Verstand sich ausruhen, während die Hand intuitive und zufällige Bewegungen auf dem Papier ausführt. Es wird ohne äußere Einflüsse, frei von Regeln und Konventionen gezeichnet.

Diese scheinbar ganz einfache Übung kann ganz schön fordernd sein. Sie verlangt von dir, dass du deinen kritischen Verstand abschaltest, dass du ohne Angst vor dem Zufälligen arbeitest und einfach loslässt. Die Malerei ist ein ideales Spielfeld, um dieses Loslassen einfach mal auszuprobieren. Es sind letzten Endes nur Striche auf Papier, für dich ganz allein. Als neugieriger und mutiger Mensch wirst du diese Übung sicher gleich ausprobieren.

Zeichne zufällig über das Papier, ohne rational darüber nachzudenken, wie die Linien und Formen aussehen oder was sie darstellen könnten. Beobachte, wie der Stift Spuren hinterlässt, lass dich fallen und treiben im kreativen Flow. Diese Übung ist eine Art von Meditation, die gleichzeitig entspannend und anregend wirkt. Wenn es dir einmal schwerfällt loszulassen, dann greife den Stift ganz locker mit drei Fingern und relativ weit hinten.

Sieh diese Übung als ein Spiel und experimentiere mit Markierungen unterschiedlichster Arten. Male Punkte, Kreise, Striche, Kurven und Spiralen. Wenn dabei iterativ immer wieder ähnliche Formen auf dem Papier entstehen, ist das völlig in Ordnung. Folge einfach deinen aufkommenden Impulsen, sodass sich das Blatt fast wie von selbst füllt, womit auch immer.

Zeichne bis das ganze Blatt oder die ganze Seite gut gefüllt ist. Du kannst das Blatt auch drehen und aus einer anderen Perspektive weiter malen. Ich kenne einige Maler, die ihre Gemälde und Zeichnungen von allen Seiten, von jeder Perspektive aus bearbeiten.

Tipp: Probiere als Variation das Zeichnen mit beiden Händen gleichzeitig. Diese Technik unterstützt dich dabei, beide Gehirnhälften zu aktivieren. Bemerke den Unterschied zum einhändigen Zeichnen.

BERNHARD FLEISCHANDERL

Ich bin Bernhard Fleischanderl, Galerist der ARTOSPHÄRE SCHLOSS PUCHENAU, Mental- und Managementtrainer.

In meiner Galerie schaffe ich Raum für Künstler, ihre Werke zu präsentieren. Ich glaube daran, dass Kunst nicht nur ein Ausdruck von Intellekt und Schönheit ist, sondern auch eine transformative Kraft hat, die Menschen inspiriert und verbindet.
Als Mental- und Managementtrainer unterstütze ich nicht nur Künstler, sondern auch Unternehmer dabei, ihre kreative Energie zu entfesseln und effektiver mit Kunden und Mitarbeitern zu kommunizieren.
Durch meine einzigartige Kombination aus kreativem Denken, unternehmerischem Know-how und einem Herz für persönliche Entwicklung und Verantwortung möchte ich dazu beitragen, die Welt um mich herum nicht nur schöner, sondern auch erfolgreicher und harmonischer zu machen.

Loved this book?
Why not write your own at story.one?

Let's go!